글·조 넬슨

영국 케임브리지대학교에서 현대와 중세의 언어를 공부했습니다. 편집자와 작가로 다양한 논픽션 책을 만들어 왔습니다.
《세계사 박물관》,《코페르니쿠스, 갈릴레이, 그리고 뉴턴》,《자하 하디드, 미래를 건축하다》,《우주 과학》 등의 책을 썼습니다.

그림·톰 클로호지 콜

킹스턴대학교에서 일러스트레이션과 애니메이션을 공부했습니다. 현재 런던에서 그림을 그리며 활발히 활동하고 있습니다.
화려하지만 부담스럽지 않게, 극적인 색을 사용하여 신비로운 감성을 전하는 그림으로 전 세계의 관심을 받고 있습니다.

옮김·김미선

중앙대학교 역사학을 공부한 뒤 미국 마켓대학교에서 커뮤니케이션으로 석사 학위를 받았습니다.
오랫동안 여러 출판사에 어린이와 청소년 책을 소개하며 책과 인연을 맺었습니다.
현재 번역 에이전시 엔터스코리아에서 어린이와 청소년 책 출판 기획과 전문 번역가로 활동하고 있습니다.

미리 보는 지구 과학책
PLANET EARTH

1판 1쇄 | 2018년 5월 21일
1판 4쇄 | 2021년 5월 10일

글 | 조 넬슨
그림 | 톰 클로호지 콜
옮김 | 김미선

펴낸이 | 박현진
펴낸곳 | (주)풀과바람
주소 | 경기도 파주시 회동길 329(서패동, 파주출판도시)
전화 | 031) 955-9655~6
팩스 | 031) 955-9657
출판등록 | 2000년 4월 24일 제20-328호
홈페이지 | www.grassandwind.co.kr
이메일 | grassandwind@hanmail.net

편집 | 이영란
마케팅 | 이승민

값 14,000원
ISBN 978-89-8389-747-3 77450

DESTINATION: PLANET EARTH
Text ⓒ 2018 Quarto Publishing plc.
Illustrations ⓒ 2018 Tom Clohosy Cole.
Written by Jo Nelson.

First Published in 2018 by Wide Eyed Editions, an imprint of The Quarto Group.

All rights reserved.
Korean translation right ⓒ GrassandWind Publishing, 2018
This Korean edition was published by arrangement with Wide Eyed Editions, an imprint of The Quarto Group through THE Agency, Korea.

이 책의 한국어판 저작권은 더에이전시를 통해 Wide Eyed Editions와의 독점 계약으로 (주)풀과바람이 소유합니다.
신 저작권법에 의해 한국 내에서 보호를 받는 저작물이므로 무단 전재와 복제를 금합니다.

※잘못 만들어진 책은 구입처에서 바꾸어 드립니다.

이 도서의 국립중앙도서관 출판예정도서목록(CIP)은 서지정보유통지원시스템 홈페이지(seoji.nl.go.kr)와 국가자료공동목록시스템(www.nl.go.kr/kolisnet)에서 이용하실 수 있습니다. (CIP제어번호 : CIP2018010648)

제품명 미리 보는 지구 과학책 | 제조자명 (주)풀과바람 | 제조국명 대한민국
전화번호 031)955-9655~6 | 주소 경기도 파주시 회동길 329
제조년월 2021년 5월 10일 | 사용 연령 8세 이상
KC마크는 이 제품이 공통안전기준에 적합하였음을 의미합니다.

⚠ 주의
어린이가 책 모서리에 다치지 않게 주의하세요.

미리 보는
지구 과학책

글 조 넬슨 · 그림 톰 클로호지 콜 · 옮김 김미선

풀과바람

대양과 대륙

가장 용감한 탐험가조차 가지 못했던 곳으로 여행을 떠나 볼까요. 지구의 지각 아래 깊은 곳에서부터 대기가 희박할 정도로 높은 곳까지 말이에요. 그럼 우리의 행성이 어떻게 끝없이 변화하고 생명으로 북적이게 되었는지 알게 될 거예요. 그리고 지구가 왜 이토록 망가지고 오염되었는지도.

우주에서 본 지구는 마치 커다랗고 파란 구슬 같답니다. 왜냐하면 지구의 표면 4분의 3이 물로 덮여 있기 때문이에요. 나머지는 땅인데, 대륙이라 불리는 7개의 거대한 땅으로 나뉘어 있어요. 그 사이에 수천 개의 작은 섬이 여기저기 흩어져 있답니다.

푸른 행성

지구 물의 97%는 대양과 바다에 있어요. 소금기가 없는 민물은 1%도 채 되지 않는데, 호수와 강 등에 있답니다.
넓은 해역을 차지하는 대규모 바다는 5개의 대양 태평양, 대서양, 인도양, 북극해, 남극해로 나뉩니다. 그리고 나머지 물은 빙하로 얼어붙어 있지요.

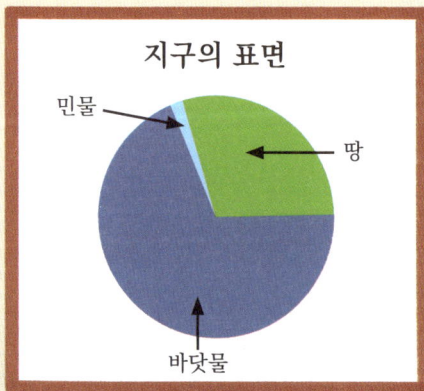

지구의 표면
민물
땅
바닷물

물속 생명

놀랍게도 지구 생명체의 99%가 물속에 삽니다. 살아갈 수 있는 장소도 육지보다 바다가 훨씬 넓어요. 육지에서는 땅 위나 나무 꼭대기 정도까지만 살 수 있지만, 바다에서는 어디에서나 생명체를 볼 수 있어요. 심지어 12킬로미터 깊은 곳에서도 살아요.

출발

북아메리카
대서양
아프리카
태평양
남아메리카
남극해
남극

커다란 7개의 대륙

7개 대륙은 사실 완전히 분리된 거대한 섬이 아니에요. '지협'이라고 부르는 좁고 잘록한 땅이 북아메리카와 남아메리카를, 아프리카와 아시아를 이어 주죠. 유럽과 아시아는 거대한 땅덩어리로 이루어져 있는데, 이를 '유라시아'라고 합니다. 다른 두 대륙은 많이 동떨어져 있어요. 지구의 가장 남쪽에 남극 대륙이 있으며, 오스트레일리아는 가장 작은 대륙이지요.

세상을 탐색하다

오늘날 우리는 세계 곳곳을 정확히 찾아내고, 저 멀리 떨어진 곳까지 찾아갈 수 있어요. 정확한 지도와 고성능 인공위성 기술 덕분이지요.

그것이 언제나 가능했던 건 아니에요. 과거 수천 년 동안 사람들은 지구가 평평하다고 생각했답니다. 유럽 사람들은 1492년 전까지만 해도 아메리카 대륙 여행을 생각하지 못했어요. 오스트레일리아는 1606년까지 있는지조차 몰랐어요! 수백 년에 걸쳐 용감한 탐험가들이 미지의 땅으로 여행을 떠나며 자신들이 발견한 곳을 지도에 처음으로 옮겨 담기 시작했어요. 이렇듯 용감한 탐험가들의 활약과 최근에 이루어진 기술 발전 덕분에 우리는 이 세상이 어떻게 생겼는지 더욱 자세히 알게 되었답니다.

별을 따라서

나침반이나 인공위성이 생겨나기 전, 사람들은 별을 보며 길을 찾았어요. 북반구에서는 '북극성'을 보면 북쪽이 어디인지 알 수 있죠. 북극성은 항상 북극 가까이에 있거든요. 남반구에서는 '남십자성'으로 남쪽이 어디인지 찾을 수 있답니다.

인공위성을 활용해요

오늘날 우리는 GPS(위성 위치 확인 시스템)로 정확한 위치를 알 수 있어요. GPS 수신기로 3개 이상의 위성에서 정확한 시간과 거리를 측정해 지금 어디에 있는지 위치를 계산해 내지요. 자동차에 설치한 내비게이션이나 대부분의 스마트폰에도 이러한 장치가 있어 우리가 어디로 가고 있는지 알려 준답니다.

나는 어디에 있을까?

지도는 지구 표면을 일정한 비율로 줄여, 약속된 기호로 평면에 나타낸 그림입니다. 점, 선, 면과 기호, 색깔로 각기 다른 특징을 잘 보여 주지요.

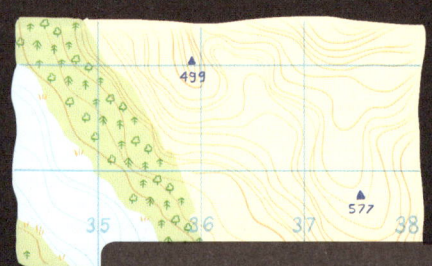

지형도는 산과 계곡의 높낮이 등 자연적 특징을 주로 표시해요.

정치적 지도는 국가 간 경계를 보여 주지요.

이 지도는 각 지역에 인구가 얼마나 있는지를 알려 줍니다.

위도와 경도

지구 위 모든 곳에는 자기만의 주소가 있답니다. 주소는 두 개의 숫자로 이루어져 있는데 이를 '좌표'라고 부릅니다. 첫 번째 숫자는 동쪽이나 서쪽 어디에 있는지를 알려 주고, 두 번째는 북쪽 또는 남쪽 어디에 있는지를 말해 줍니다. 우리는 좌표를 '도'라는 단위로 측정하는데, 이때 위도와 경도라고 부르는 가상의 선을 이용합니다. 위도와 경도는 지구를 줄로 나누어 분류해요. 위도는 수평으로 나 있는 선인데, 지구 주변을 벨트처럼 휘감지요. 위도는 적도, 즉 지구의 한가운데를 가르는 가상의 줄을 기준으로 남북으로 얼마나 떨어져 있는지 나타내요. 경도는 북극에서 남극까지 수직으로 그은 선으로, 영국 런던 그리니치 천문대에 그어진 '본초 자오선'에서 동서로 얼마나 떨어져 있는지를 나타내요.

시간과 장소

경도는 국가의 표준시를 정하는 기준이 돼요. 그리니치의 본초 자오선을 기준으로 서쪽으로 15도마다 1시간씩 느려져요. 본초 자오선은 날짜 변경선(동경 180도의 선을 따라 남극과 북극을 잇는 경계선)과 정확히 반대편에 있어요. 우리나라는 본초 자오선 동쪽에 있어 동경에 해당하며, 본초 자오선이 지나는 영국보다 9시간이 빨라요.

극지방

북쪽 또는 남쪽으로 멀리멀리 여행하다 보면 '극'으로 불리는 곳에 다다르게 될 거예요. 지구 표면과 지구의 자전축(지축)이 만나는 곳이지만, 커다란 기둥은 없답니다.

북극과 남극을 관통하는 자전축은 상상해 만든 거예요. 지구는 자전축을 중심으로 서쪽에서 동쪽으로 하루 한 바퀴씩 돌고 있어요. 한 바퀴 도는 데 24시간이 걸리고, 지구의 자전으로 낮과 밤이 반복된답니다.
그러나 극지방에서는 여섯 달 내내 낮이 지속되거나 반대로 깜깜한 밤이 계속돼요. 자전축이 기울어져 있기 때문이에요.

기울어진 지구

지구는 자전축을 중심으로 매일 빙글빙글 회전하는 동시에 태양 주위도 돕니다. 기울어진 상태로 태양 주위를 돌기 때문에 계절이 생긴답니다. 태양에서 지구로 빛이 도달하는 거리와 빛을 받는 시간(낮의 길이)이 달라지기 때문이죠. 북반구(적도의 북쪽 부분)에 여름이 찾아오면, 남반구(적도의 남쪽 부분)에는 겨울이 찾아옵니다.

지구가 태양 주위를 서쪽에서 동쪽으로 한 바퀴 도는 데 대략 365일이 걸려요. 1년을 365일로 정한 것은 지구의 공전 주기를 기준으로 했기 때문이죠.

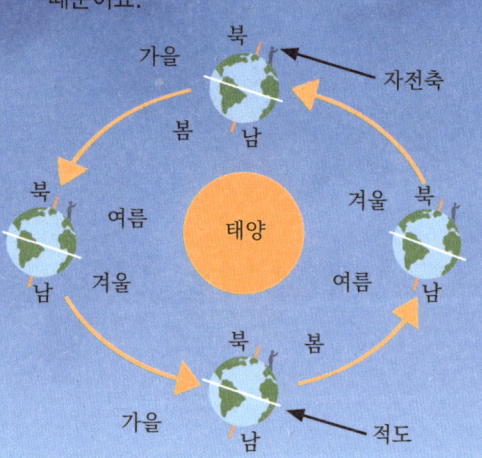

북극

북극은 북극해 가운데에 있어요. 바다의 표면이 수백만 년 동안이나 얼어 있는 곳이지요. 이 차디찬 얼음덩어리는 북극곰과 바다표범, 새들의 고향이랍니다. 고래와 북극 어류들은 얼음 아래에서 헤엄치고 노니지요.

빙하가 녹으면

극지방의 두꺼운 얼음덩어리(빙하)는 기나긴 겨울을 거치며 커졌다가 따뜻한 여름을 보내며 녹습니다. 그러나 요즘 지구의 평균 기온이 높아지면서 빙하가 줄어들고 있어요. 얼음이 녹아 바닷물의 양이 늘어나면서 전 세계 해수면이 상승해 바닷가 가까이 지대가 낮은 곳은 물에 잠길 위험에 놓여 있답니다.

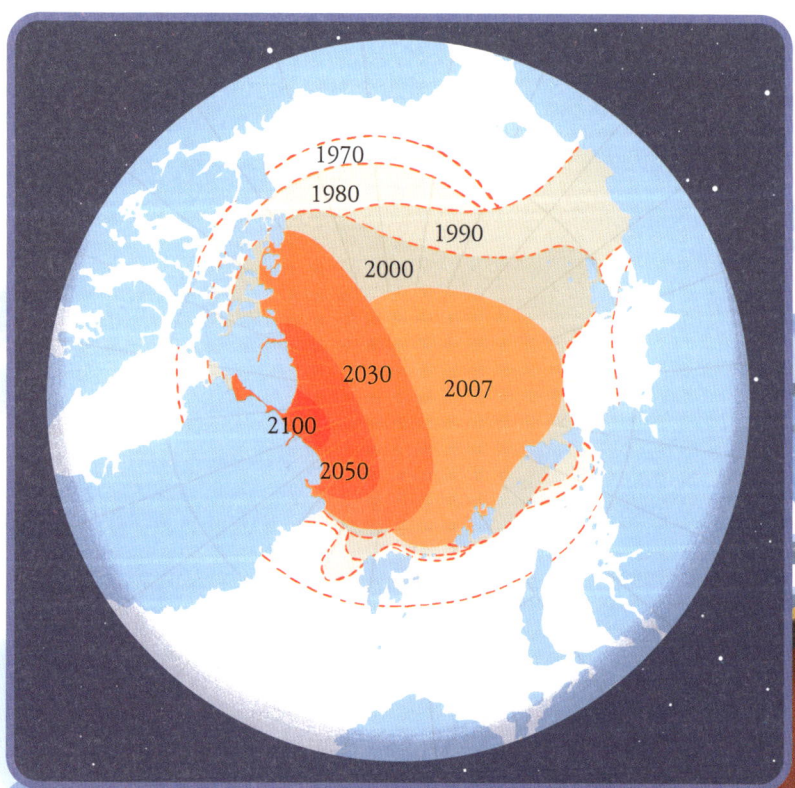

위의 도표를 보면 1970년 이후 북극의 얼음덩어리가 얼마나 급격히 줄어들었는지 알 수 있어요. 지구가 지금과 같은 속도로 계속 더워진다면, 2100년에 이르러 빙하는 거의 다 사라지고 말 거예요.

남극

남극은 대부분이 얼음과 눈으로 꽁꽁 얼어붙은 대륙이에요. 지구에서 가장 추운 곳 중 하나인데, 최저 온도가 영하 80도에 이를 정도랍니다. 강인한 펭귄조차도 아주 먼 남극점까진 오지 않지요. 이곳에 사는 유일한 존재는 '아문센-스콧 기지'의 과학자들이랍니다.

얼음덩어리 표본

과학자들은 수천만 년 전에 만들어진 얼음 표본을 수집해 시간이 흐르는 동안 어떻게 변했는지 연구합니다. 얼음 속에 갇힌 거품을 연구하면 지구의 대기를 만드는 데 어떤 가스가 쓰였는지 알 수 있지요. 또 지구가 얼마나 따뜻해졌는지도 알아낼 수 있답니다.

>> 로알드 아문센
>> 로버트 팔콘 스콧

용감한 탐험가들

아문센-스콧 기지의 명칭은 남극점에 도달했던 탐험가 2명의 이름을 따서 지은 거예요. 노르웨이 탐험가 로알드 아문센과 영국의 탐험가 로버트 스콧이지요.

아문센과 그의 팀은 1911년 12월 남극점에 최초로 도달했습니다. 스콧보다 한 달 앞선 기록이지요. 스콧 일행은 돌아오는 길에 지독한 추위를 견디지 못하고 세상을 떠나고 말았어요.

적도

남극에서 긴 겨울을 보내고 왔으니 이제 몸을 좀 녹여 볼까요? 극지방에서 되도록 멀리 떠나 봅시다. 바로 적도를 향해서요.

지구의 한가운데를 두르는 어마어마한 허리띠 적도는 지구를 위아래로 나눕니다. 적도의 위쪽(북쪽) 부분을 북반구, 아래쪽(남쪽) 부분을 남반구라고 해요. 적도에서는 1년 내내 햇볕이 똑바로 내리쬐어요. 지구가 기울어져 있어도 낮의 길이나 기온에 거의 영향을 미치지 못해 계절 변화가 거의 없답니다.

태양을 따라서

적도에서는 일출과 일몰이 지구의 어느 곳보다 빨리 일어납니다. 낮에서 밤으로 넘어가는 데 몇 분밖에 걸리지 않아요. 1년 내내 태양은 약 6시쯤 떴다가 6시에 지지요.

1년에 2번 태양이 적도 위에 직선으로 떠오를 때가 있답니다. 3월 20일 또는 21일, 9월 22일 또는 23일이지요. 이날을 '춘분' 또는 '추분'이라 부르는데, 적도에서 정오가 되면 똑바로 세워둔 막대기에 그림자가 생기지 않아요.

대기

지구는 '대기'라고 부르는 기체(공기)로 뒤덮여 있어요. 대기가 없으면 우리는 살 수 없답니다.

우주는 위험한 곳이에요. 별이 해로운 광선을 내뿜는가 하면, 운석과 행성이 서로 충돌하기도 하지요. 빛과 열을 내뿜는 태양과 멀어지기라도 하면 모두 얼어붙을 거예요. 이러한 위험에서 우리를 보호하려면 대기가 필요해요. 또한 우리는 대기에 있는 산소와 물로 살아간답니다. 이 중요한 요소들이 없다면 지구에 살 수 있는 생명은 거의 없을 거예요.

공기층

지구를 둘러싸고 있는 대기의 범위를 '대기권'이라 하는데, 그 높이가 지표에서 약 1천 킬로미터까지 이르러요. 그런데 중력에 의해 대부분이 지상 32 킬로미터 정도에 모여 있어요. 대기권은 온도의 분포에 따라 밑에서부터 대류권, 성층권, 중간권, 열권으로 나누어요.

성층권은 구름 위로 비행기가 나는 곳이며, 오존이라는 중요한 가스가 모여 있는 곳이기도 해요.

대류권은 기상 현상이 일어나는 곳이에요.

공기는 대부분 질소(78%)와 산소(28%)로 이루어져 있습니다. 그 밖에 수증기, 이산화탄소, 메탄, 아산화질소, 오존 등이 들어 있습니다.

온실 효과

온실의 유리처럼, 대기 속 온실가스는 태양으로부터 받은 열이 지구 밖으로 빠져나가는 것을 막아요. 이 온실 효과가 없다면 지구의 열이 모두 우주로 빠져나가 우리는 모두 얼어 버렸을 거예요.

그런데 최근 온실가스가 많이 늘어났어요. 대표적인 온실가스가 이산화탄소인데, 화석연료(석탄, 석유와 가스)를 많이 태우고 이산화탄소를 흡수하는 나무를 베어낸 결과입니다. 태양열을 가두는 온실가스가 더욱 많아지면서 우리 지구는 점점 뜨거워지고 있어요.

우주로부터 지켜 줘요

태양을 비롯한 다른 별들은 해로운 광선을 내뿜어요. 우주 방사선, X선, 자외선 등. 다행히 대기는 장벽처럼 이러한 광선들이 지구에 들어오는 것을 막아 준답니다.

대기층에서 특히 오존층이 중요해요. 그 까닭은 오존층이 우리의 피부와 눈을 손상시키는 자외선을 막아 주기 때문이지요. 그리고 대기는 운석이나 혜성, 우주 쓰레기 등이 지구로 들어오지 못하게 막는 역할도 한답니다. 이러한 물체들이 지구에 닿기 전에 불태워 없애 버리거든요.

외기권은 대기의 제일 바깥층으로 인공위성이 지구 주위를 도는 곳이에요.

열권은 공식적으로 우주가 시작되는 곳이에요. 국제 우주 정거장이 지구 주위를 도는 곳이지요.

중간권은 대기층에서 가장 추운 곳으로, 우주선만 갈 수 있답니다.

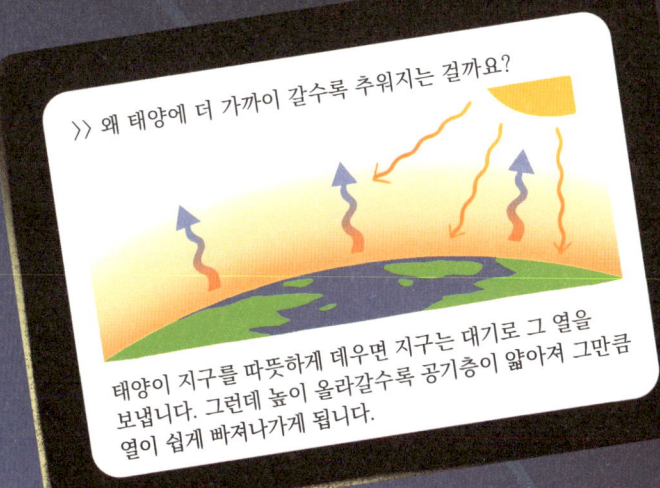

>> 왜 태양에 더 가까이 갈수록 추워지는 걸까요?

태양이 지구를 따뜻하게 데우면 지구는 대기로 그 열을 보냅니다. 그런데 높이 올라갈수록 공기층이 얇아져 그만큼 열이 쉽게 빠져나가게 됩니다.

산소 급증 사건

우리 대기에 산소가 있는 이유는 청록색의 조그만 조류 (말무리) 덕분이랍니다. 지구의 역사를 통틀어 첫 절반 정도의 시기에는 산소가 없었어요. 그러다가 이 아주 작은 생명이 진화하더니 광합성을 하여 먹이를 만들기 시작했답니다. 이 생명체들은 햇빛과 대기 중의 이산화탄소를 흡수한 뒤 에너지를 만드는 데 썼지요. 그리고 산소를 배설물로 배출했답니다. 그러다 마침내 24억 5000만 년 전 무렵 산소가 대기 중에 주요 가스가 될 정도로 조류가 많아지게 되었습니다.

날씨

날씨를 마음대로 바꿀 수 있다면 얼마나 좋을까요? 생일에 비가 한 방울도 오지 않도록 할 수 있고, 학교에 가기 싫을 때 폭설이 내리게 할 수도 있지요!

하지만 날씨가 시기별로 나뉘는 것은 작물을 기르고 추수하는 데 매우 중요하답니다. 사람들은 제사를 지내거나 비와 태양에 관한 춤을 추며 원하는 날씨를 얻고자 노력해요. 하지만 날씨를 예측하는 일은 무척 까다로우며, 날씨를 조절하는 것 또한 거의 불가능합니다.

날씨를 만들어요

태양은 모든 날씨의 주요 원인이에요. 우리에게 맑은 날씨를, 바람과 구름을 만들어 주기도 하지요. 공기와 물 역시 중요한 역할을 해요.

태양이 지표를 데우면, 따뜻해진 공기는 가벼워져 위로 올라가요. 그 공간을 채우려고 공기가 움직이면서 바람이 생기지요. 지표에서 증발한 수증기는 작은 물방울로 한데 엉기어 뭉쳐 구름이 되고요.

구름

태양열이 지구의 물을 데울 때 구름이 만들어져요. 공기 중 수분이 엉기어서 작은 물방울이 되어 하늘에 둥둥 떠다니는 것이지요. 구름은 물방울들이 한데 모여 뭉친 거예요. 맑은 날에는 하늘에 가볍게 떠 있는 뭉게구름(적운)을 볼 수 있어요. 구름이 두껍고 낮게 짙게 드리워지면 곧 비가 내릴 징조예요.

추운 날씨에는 작은 얼음 결정이 모여 눈으로 내립니다. 쌘비구름(적란운)의 커다란 물방울이 공중에서 갑자기 찬 기운을 만나면 꽁꽁 얼어 우박으로 떨어지지요.

안개구름(층운)은 하늘을 뒤덮은 것처럼 길고 낮게 펼쳐지는 구름이에요.

양떼구름(고적운)과 높층구름(고층운)은 중간 높이에서 맴돌아요.

새털구름(권운)은 얼음 결정이 하얀 명주실 모양으로 모여 있어요.

쌘비구름은 산 모양으로 하늘 높이 솟고 폭풍을 몰고 와요.

뭉게구름은 솜을 쌓아놓은 듯 뭉실뭉실한 모양이에요.

비층구름(난층운)은 검은 회색의 두꺼운 구름으로 오랫동안 비를 내려요.

기상 이변

날씨가 아주 고약해지면 우리 삶이 혼란스러워질 수 있어요. 폭우가 이어지면 길이나 철도, 집이 잠길 수 있지요. 불볕더위가 길어지면 작물이 자라지 못해 동물도 사람도 굶주리게 됩니다. 눈보라를 동반한 폭설은 마을을 눈 속에 가두어 버립니다. 지구의 평균 기온이 점점 높아지는 지구 온난화로, 우리는 과거보다 더 극심한 날씨 변화를 겪고 있어요. 대기와 해수 순환에 변화가 생기면서 태풍, 홍수, 가뭄 등 자연재해 발생 빈도와 강도가 증가하고 있답니다.

일기 예보

기상 예보관들은 내일 날씨를 어떻게 알까요? 사실 그들도 확실히 알지 못해요. 그냥 추측하지요. 그들은 지금 대기에 어떤 일이 일어나는지 측정하고, 그 결과를 과거의 날씨와 비교한 뒤 미래의 날씨를 예측합니다. 여기에 기상 예보관들이 쓰는 도구들이 있어요.

'바람자루'는 바람 방향(바람이 불어오는 방향)과 풍속(바람의 속도가 빠를수록 자루가 수평에 가까움)을 알려 줍니다.

온도계는 기온을 측정해요.

기압계는 기압, 즉 대기의 압력을 측정해요. 공기가 얼마나 지구에 압력을 가하는지 재는 방식이지요. 기압이 떨어지면 흐리고 습한 날씨가 돼요. 기압이 높으면 맑고 건조한 날씨가 되지요.

우량계는 특정 시간에 비가 얼마나 왔는지를 측정해요.

바람

바람은 산들산들 가볍게 불 때도 있지만, 집 한 채를 날릴 정도로 세게 불기도 합니다. 바람의 세기는 '풍력 계급'에 따라 0에서 12까지 나눌 수 있어요. 숫자가 높을수록 속도가 빨라져 무언가가 날아갈 확률이 높아져요!

기후

우리가 사는 곳의 날씨는 달마다, 1년이 지나며 어떻게 변할까요? 하루하루 날씨를 예측하는 일은 어렵지만, 전체적인 날씨의 흐름을 아는 것은 훨씬 수월합니다. 일정한 지역에서 여러 해에 걸쳐 나타난 날씨의 흐름을 '기후'라고 부릅니다.

기후는 전 세계 곳곳 아주 다양합니다. 폭풍이 부는 얼음 많은 극지방에서부터 건조한 내륙 지역, 추운 산악과 온화한 해안 지대, 매일 덥고 비가 오는 적도 주변에 이르기까지.

이렇게 기후가 다른 까닭은 태양이 지각에 열을 고르지 않게 보내기 때문입니다. 적도와 극지방에서는 따뜻한 공기와 찬 공기가 위아래로 강하게 흐르는데, 이렇게 온도나 지형의 차이로 일어나는 공기의 흐름을 '기류'라고 합니다. 기류는 바람의 방향과 날씨를 결정합니다. 또한 우리가 얼마나 높은 곳에 사는지, 바다에서 얼마나 떨어져 있는지도 기후에 큰 영향을 줍니다.

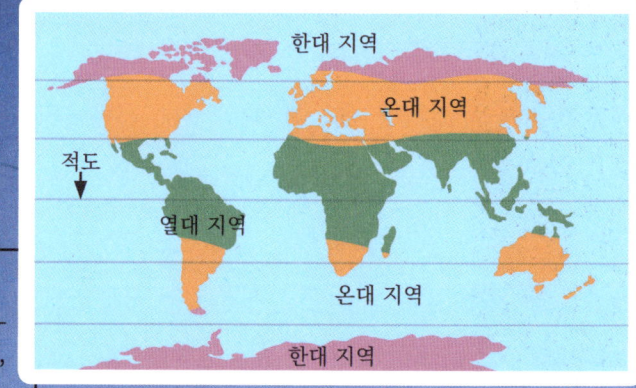

기후 지대

한대 지역은 북극과 남극 주변으로, 일부가 항상 얼음으로 덮여 있어요. 여름이 되어도 전혀 따뜻해지지 않지요.

온대 지역은 열대와 한대 사이의 지역으로, 기온과 강수량이 알맞아요. 여기에서는 봄, 여름, 가을, 겨울 사계절의 변화를 느낄 수 있지요.

북반구 중위도에 있는 우리나라는 냉온대 기후가 함께 나타나요.

열대 지역은 적도 주변 지역으로, 습한 열대 우림과 건조한 사막이 있으며 1년 내내 기온이 높아요.

기후에 적응하기

전 세계 사람들은 자신이 사는 지역의 기후에 적응하며 살아왔어요. 예를 들어, 더운 나라에서는 길고 헐렁하며 밝은색 옷을 입어 조금이라도 시원하게 했지요.

추운 나라에서는 단열이 잘되는 집을 만들어 따뜻하게 지내요.

더운 나라에서는 하루 중 가장 기온이 높은 시간에 하던 일을 멈추고 짧은 낮잠(시에스타)을 즐기기도 해요. 낮잠으로 기운을 얻어 더 열심히 일하기 위해서지요.

대양과 대륙

바다는 육지보다 천천히 가열되지만, 일단 물이 한번 데워지면 그 열이 땅보다 오래 유지됩니다. 그래서 바닷가는 겨울에 더 따뜻하고 여름에 좀 더 시원해요. 반대로 내륙 지방은 날씨가 극과 극을 오갑니다. 예를 들어 북부 아시아의 여름은 기온이 30도에 이르지만, 겨울에는 영하 30도까지 뚝 떨어집니다.

습하거나 건조하거나

적도 주변의 열대 우림은 1년 내내 따뜻하고 습합니다. 하지만 북쪽이나 남쪽으로 조금 더 가다 보면 지구에서 가장 뜨겁고 건조한 곳에 닿지요. 비가 숲과 해안, 산악 지역에 한바탕 뿌려지고 나면, 이 지역은 뜨거운 태양 빛만 남아 사하라나 칼라하리처럼 드넓은 사막이 된답니다.

어떤 열대 지역은 습하고 건조한 기후가 뒤죽박죽 섞여 있어요. 우기에는 계속해서 비만 내리고 건기에는 비가 전혀 오지 않지요. 그래서 얼룩말과 코끼리 등은 무리를 지어 강이나 물웅덩이를 찾아 기나긴 여행을 떠납니다.

기후 변화

기후는 항상 변해왔어요. 지구의 역사를 돌아보면, 어느 때보다 추웠던 '빙하기'와 얼음이 전혀 없던 따듯한 시기가 있었죠. 빙하기는 지구의 일부가 얼음으로 덮여 있던 시대로, 지금도 빙하기에 있는 것과 마찬가지예요. 그러나 역사상 처음으로 얼음이 녹고 있어요. 지구가 뜨거워진 데에는 인간에게 일부분 책임이 있습니다.

생태계

지구에는 200만 종이 넘는 생명체가 살고 있어요. 이 생명체들은 '생태계' 속에서 얽히고설켜 서로 영향을 주고받으며 어울려 살아가지요.

생태계는 정원의 연못만큼 작을 수도 열대 우림만큼 클 수도 있어요. 그 안에 사는 생명체는 눈에 보이지 않는 아주 작은 것에서부터 크기가 100미터가 넘는 나무까지 다양합니다. 모든 유기체는 생태계 안에서 각자의 역할이 있어요. 햇빛이나 물 같은 환경 조건 또한 마찬가지죠. 새로운 유기체가 나타나거나 환경이 변하면 생태계가 파괴될 수도 있습니다.

먹이 사슬

모든 생명체는 성장하고 움직이고, 또 생산하는 데 에너지가 필요해요. 생태계가 제대로 작동하려면 그 안에서 에너지가 잘 흘러야 하지요. 식물과 조류는 태양에서, 초식 동물은 식물을 통해, 육식 동물은 다른 동물을 잡아먹으면서 에너지를 얻어요. 이렇게 먹이를 중심으로 이어진 생물 간의 관계를 '먹이 사슬'이라고 해요. 생태계에는 다양한 먹이 사슬이 존재해요.

극한의 서식지

생물은 지구의 구석구석, 심지어 극한의 조건에서도 살아왔어요. 햇빛이 닿지 않는 바다 아주 깊은 곳 밑바닥에는 해로운 가스와 끓는 물이 나오는 틈이 있답니다. 이를 '열수 분출공'이라고 불러요. 놀랍게도 박테리아는 열수 분출공에 적응해 살면서 갈라파고스민고삐수염벌레, 조개, 새우 등 다른 생명체의 먹이가 되어 준답니다!

생산자

먹이 사슬은 녹색식물에서 시작합니다. 이들을 '생산자'라고 하는데, 햇빛을 이용해 자신의 먹이를 스스로 만들어내기 때문이지요.

생물 군계

기후에 따라 지구의 생태계를 약 10개의 커다란 생물 군집으로 나눌 수 있습니다. 이를 '생물 군계'라고 합니다.

어떤 지역의 기후와 지형은 특정 생물이 다른 종보다 더 잘 살 수 있는 환경이 됩니다. 낙타는 뜨겁고 건조한 사막에서 잘 살 수 있고, 바나나는 덥고 비가 많이 내리는 열대 우림에서 잘 자라지요. 이처럼 어떤 환경에 잘 적응하고 있는 생물의 큰 집단을 유형별로 묶은 것이 생물 군계입니다.

생물 군계는 기후, 토양, 초목과 같은 환경적 요인에 따라 정의됩니다. 그런데 사막이나 툰드라는 식물이 거의 나지 않아서 만들어진 이름입니다. 툰드라는 '나무가 없는 평평한 땅'이란 뜻의 핀란드어에서 유래되었습니다.

지구에서 가장 큰 생물 군계는 바다입니다. 물이 지구의 71%를 차지하고 있으니 별로 놀라운 일은 아니지요. 그럼 육지의 주요 생물 군집을 탐구해 볼까요.

침엽수림

바다 다음으로 지구에서 가장 커다란 생물 군계는 지구를 빙 둘러싼 거대 침엽수림입니다. '타이가' 또는 '아한대 지역'으로 부르지요. 침엽수는 잎이 뾰족한 겉씨식물로 겨울이 되어도 낙엽이 지지 않습니다. 지구에서 자라는 나무의 3분의 1이 모인 타이가는 북아메리카, 북유럽과 북아시아까지 뻗어 있습니다. 타이가는 나무가 살 수 있는 최북단 지역으로 겨울이 길고 추우며, 눈이 많이 내리고, 여름이 짧습니다.

동물들은 어떤 계절에만 잠시 머물거나 이곳의 자원을 최대한 활용합니다. 솔잣새는 뾰족하고 가위처럼 생긴 부리로 솔방울을 열어 씨앗을 먹습니다.

온대 낙엽수림

온대 낙엽수는 날씨가 따뜻한 온대 지역에서 자랍니다. 온대 기후 지역은 봄, 여름, 가을, 겨울 사계절이 있고, 너무 덥거나 춥지 않습니다. 잎이 바늘처럼 뾰족한 침엽수와 달리, 낙엽수는 넓은 잎이 풍성하게 자랍니다. 따뜻한 날씨는, 잎이 빛을 모아 광합성을 하는데 최적의 조건이 되지요. 가을이 되면 낙엽수는 잎을 떨어뜨리고 봄이 올 때까지 긴 휴식기에 들어갑니다.
낙엽수는 진딧물에서부터 커다란 잎을 우적우적 먹는 사슴에 이르기까지 많은 동물의 맛있는 먹이가 된답니다.

초원

초원은 대륙의 가운데나 거대한 산등성이 너머에서 많이 볼 수 있습니다. 숲이 만들어지기에는 비가 충분히 내리지 않죠. 뜨거운 열대 초원은 사바나라고도 합니다. 열대 우림과 사막 사이에서 볼 수 있으며 코끼리, 얼룩말, 사자, 표범 등의 보금자리이기도 합니다.
온대 초원은 좀 더 선선한 곳으로 북아메리카의 프레리, 남아메리카의 팜파스, 중앙아시아의 스텝 지대가 여기에 속합니다. 영양과 들쥐뿐만 아니라, 늑대와 들개, 많은 작은 동물들의 터전입니다.

열대 기후, 온대 기후?

열대 우림과 초원은 1년 내내 따뜻한 적도 근처에 있습니다. 온대림과 초원은 적도에서 멀리 떨어져 있는데, 이곳 날씨가 좀 더 시원하며 계절이 더 뚜렷합니다.

사막

지구 땅의 5분의 1은 사막으로 이루어져 있습니다. 사막은 모래나 돌투성이고, 덥거나 춥습니다(남극도 사막입니다). 매우 건조한 이곳에 잘 적응한 몇몇 식물과 동물만이 살아가고 있지요. 뱀과 전갈은 모래 밑에 몸을 숨겨 더위를 피하며, 선인장은 뿌리를 길게 내리거나 넓게 퍼뜨려 가능한 모든 물을 흡수합니다.

툰드라

타이가 북쪽은 꽁꽁 얼어 있고 바람이 휙휙 불며, 나무가 없는 곳, 즉 툰드라입니다. 이곳은 생물 군계에서 가장 추운 곳으로 북극을 둘러싸고 있지요. 그래도 북극곰과 순록, 많은 물고기가 이곳에서 살아남았습니다. 식물이라고는 이끼류와 바위에 붙어 자라는 지의식물뿐이랍니다.

물

물이 그다지 흥미롭지 않을 수 있지만, 물이 없다면 지구에서 사는 건 불가능해요. 지구의 물은 수십억 년 동안 존재해 왔어요. 비가 내리거나 수돗가에서 손을 씻을 때, 그 물이 지난 수백 년 동안 어디에 있었을지 생각해 보아요.

태양계에서 물이 세 가지 형태(고체, 액체, 기체)로 존재하는 곳은 지구 말고는 없어요. 물이 세 가지 형태로 돌고 도는 과정을 '물의 순환'이라고 해요. 물의 순환은 태양열에 의해 이루어져요. 구름, 비, 강과 바다, 빙하 모두 물이 변한 모습이랍니다.

응결

수증기는 하늘 위로 높이 올라가다가 냉각되어 작은 물방울로 한데 엉기어 뭉칩니다. 수증기는 기체에서 액체로 변할 때 열을 내뿜는데, 이 때문에 물방울은 더 높이 올라갑니다. 하늘에 작은 물방울이 많이 모이면 구름이 된답니다.

증발

우리 대기에 있는 물의 약 90%는 바다, 호수와 강에서 왔어요. 태양열은 땅윗물을 증발시켜 수증기로 바꿉니다. 수증기는 따뜻한 공기와 함께 위로 피어오르죠.

증산 작용

대기에 있는 물의 10%는 식물의 잎에서 시작됩니다. 식물은 땅에서 물을 빨아들이고, 그 물의 일부를 잎 겉껍질에 있는 기공(숨구멍)을 통해 수증기로 내뿜습니다.

강

강은 길이가 매우 길고 종류도 다양합니다. 강이 어디서 시작하고, 어디에서 끝나는지 알아내기 위해 수많은 탐험가가 모험을 떠났지요.

수천 년 동안 강은 지형을 가로질러 자기만의 방식으로 물길을 만들어 왔습니다. 이 과정에서 풍경을 바꿔가며 가장 멋진 내리막길을 찾아내기도 했지요. 강은 중력에 의해 똑똑 떨어지는 시냇물로 시작해 산과 언덕에서 아래로 흘러 내려옵니다. 개울물이 만나면 작은 강이 되고, 작은 강은 다시 큰 강으로 합쳐지지요. 마침내 크고 넓은 강은 커다란 호수나 바다를 향해 굽이치며 흘러갑니다.

1. 강의 수원

강이 시작되는 곳을 '강의 수원'이라고 합니다. 작은 물줄기 여러 개가 강으로 흘러 들어가면 수원지가 어디인지 알기 어려울 때도 있어요. 개울은 보통 온천(지하에서 솟아 나오는 샘), 습지, 호수나 빙하에서 시작합니다.

2. 계곡

계곡은 산과 언덕 사이 움푹 패어 물이 흐르는 곳이에요. 수천 년 동안 물이 지나가면서 깎여 만들어졌지요. 산이 많은 곳에서는 물이 빨리 흘러 바위와 지표를 깎아 V자 모양의 가파른 계곡을 만들어요. 낮은 언덕 사이의 계곡은 넓고 깊이도 얕답니다.

3. 빙하

추운 산악 지역에서는 눈이 오랫동안 켜켜이 쌓입니다. 해마다 새로운 눈이 원래 있던 눈을 뒤덮지요. 때로 눈이 충분히 모이면 커다란 얼음덩어리로 압축되는데 이를 '빙하'라고 합니다. 빙하는 마치 얼음으로 된 거대한 강처럼 아래로 천천히 움직이며 땅을 깎아 U자 모양의 계곡을 만듭니다.

4. 곡류

강은 낮고 평평한 땅으로 갈수록 점점 더 넓어집니다. 물은 땅 아래쪽을 깎는 대신, 옆으로 밀고 나가며 첫 번째 강둑을 조금씩 없애다가 다시 다른 쪽으로 자리를 옮기며 서서히 구불구불한 말굽 모양을 만듭니다. 이렇게 물이 굽이쳐 흘러가는 것을 '곡류'라고 합니다. 깎인 강둑의 바위며 흙은 강물을 따라 다른 곳으로 옮겨갑니다.

6. 하구와 삼각주

강물이 바다로 자유롭게 흘러 들어가는 어귀를 '하구'라고 해요. 그러나 때로 강은 마음껏 바다로 흘러가지 못해요. 해안에 가까워지면서 가져온 모래와 흙이 쌓이기 때문이지요. 길이 막히면 강은 다시 작게 나뉘어 흐릅니다. 강물이 운반하여 온 모래나 흙이 쌓여 만들어진 삼각형 모양의 편평한 땅을 '삼각주'라고 합니다.

5. 평야

강이 바다에 가까워지면 속도가 느려지고, 강 아래 땅도 넓고 평평하게 퍼집니다. 강은 이제 돌과 흙을 깎아낼 힘이 없어요. 그래서 일정한 곳에 쌓아놓지요. 비가 세차게 내리면, 강의 높이가 강둑을 넘나들 만큼 높아져 주변 땅으로 흘러 들어가 범람원을 만듭니다. 큰물이 지나가면 범람원은 영양이 풍부한 흙만 남아 매우 비옥하고 작물이 자라기에 알맞은 곳이 됩니다.

>> 수천 년 동안 이집트인들은 나일강에 의지해 살았어요. 나일강은 작물을 기를 수 있는 물과 영양가 있는 흙을 제공했지요.

해안 지대

해안 지대는 바다와 땅을 가르는 변화무쌍한 경계입니다. 해안 지대는 어떤 요소가 만드는 힘과 자연을 정복하려는 우리의 욕심으로 끊임없이 모양이 바뀌고 있어요.

지구에는 수천 킬로미터에 이르는 해안 지대가 있어요. 긴 모래사장에서부터 바쁘게 돌아가는 항구, 깎아지를 듯 높은 절벽에서 조약돌 해변에 이르기까지. 전 세계 인구의 절반 이상이 바다 근처에 살고 있어요. 항구는 무역에 중요한 역할을 하고, 바닷가는 휴가와 레저 스포츠를 즐기러 오는 사람들을 끌어모으지요. 사실 전 세계 대부분의 대도시 역시 바닷가를 따라 만들어졌어요. 그렇지만 해안 지역은 지구에서 가장 불안정한 곳 중 하나랍니다.

만과 곶

파도가 암석투성이 해안가를 마구 두드리면, 암석은 바위와 자갈, 조약돌, 모래 등으로 점점 쪼개집니다. 부드러운 암석이 가장 빨리 깎이죠.
바다가 육지 속으로 파고들면서 '만'과 '곶'이 생겨요. '만'은 육지 쪽으로 쑥 들어간 해안이고, '곶'은 바다 쪽으로 돌출된 육지예요. 곶에 둘러싸인 만에는 시간이 흐를수록 고운 모래가 쌓입니다.

파도를 만들어요

파도는 아침저녁으로 찰랑거리며 바닷가에 부딪혀요. '파도'는 바다로 불어오는 바람이 만든 잔물결이에요. 파도의 크기는 바람의 세기와 파도가 이동하는 거리에 따라 달라집니다.

바람이 강해질수록 파도도 거세집니다. 바다 먼 곳에서 폭풍이 일어나면 육지에 다다를 때 거대한 파도를 일으킬 수 있지요. 파도가 얕은 바닷물에 닿으면, 땅에서 밀려 올라가 비탈진 물마루를 만든 뒤 해안에 부서져 내립니다.

절벽

백악(흰색의 석회질 암석)과 석회암, 사암은 다른 암석보다 침식이나 풍화에 강합니다. 이들은 해안을 따라 높게 우뚝 서서 위풍당당하게 거대한 바다와 마주합니다. 하지만 단단한 암석조차도 영원히 버틸 수는 없지요.

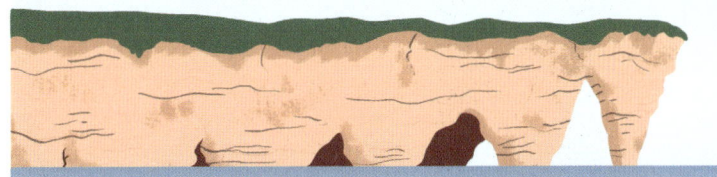

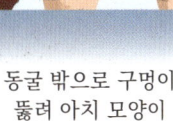
툭 튀어나온 곳의 절벽 안으로 동굴이 조금씩 깊어집니다.

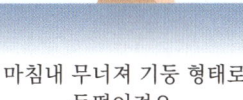
동굴 밖으로 구멍이 뚫려 아치 모양이 만들어져요…

마침내 무너져 기둥 형태로 동떨어져요.

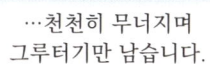
…천천히 무너지며 그루터기만 남습니다.

조수

하루에 두 번 바닷가 물의 높이가 높아졌다 낮아졌다 해요. 썰물과 밀물의 차이는 지구 주위를 공전하는 달 때문에 생겨요. 달이 지구를 끌어당기는 힘과 지구 자전과 공전으로 생긴 원심력이 지표면 바닷물을 한쪽으로 몰거든요. 달이 당기는 부분과 그 반대편은 밀물이, 다른 부분은 썰물이 되는 겁니다.

썰물 때는 물 높이가 낮아져 바닷가가 많이 보입니다.

밀물 때는 물 높이가 높아져 물이 해안을 덮어요.

과거를 말해 줘요

해안 지역은 지구 역사를 연구하는 데 더할 나위 없이 좋은 곳이에요. 고대 숲에서부터 늪, 사막에 살았던 동식물이 암석층에 화석 형태로 보존되어 있거든요. 바다는 화석을 드러내 수백만 년 동안 지하 깊은 곳에 감춰져 있던 비밀을 알려 줍니다.

지질구조판

지구는 아주 뜨거운 금속과 암석으로 이루어진 거대한 공이에요. 바깥은 얇고 부서지기 쉬운 껍데기로 둘러싸여 있어요. 껍데기는 시간이 지나면서 여러 조각으로 쪼개졌고, 그 결과 '판'이라 부르는 크고 작은 암석층이 모자이크 모양을 이루고 있지요.

지구에는 7개의 커다란 판과 그 밖의 여러 작은 판이 있습니다. 판은 힘을 받으면 움직이는 부드러운 연약권(높은 압력과 온도로 암석 일부가 녹은 암석층) 위에 놓여 있어, 1년에 10센티미터 정도 움직일 수 있어요. 시시하게 느껴질 수 있지만, 수백만 킬로미터나 되는 거대한 판이 맞닿거나 따로 떨어질 때 그 결과는 실로 놀랍답니다. 사람들은 산맥이나 해구가 어떻게 만들어지는지, 지진과 화산이 왜 발생하는지, 가까운 미래에 어떤 극적인 일이 생길지 알기 위해 판을 연구해요.

발산형 경계

판과 판이 따로 움직여 갈라져 생긴 경계예요. 판이 서로 갈라지고 그 사이로 마그마가 솟아 나와 새로운 판이 만들어져요. 주로 바다 밑바닥에서 일어나며, 서로 멀어지면서 지진과 화산 활동이 빈번하게 발생해요.

이따금 대륙판 사이에서도 일어나는데, 아프리카 판과 아라비아 판이 서로 밀어내며 거대한 틈을 만들었어요. 그것이 홍해가 되었답니다!

판의 경계

이 지도는 지구의 주요 판과 판끼리 만나는 경계를 보여 줍니다. 화살표는 판이 움직이는 방향을 가리킵니다.
판 경계는 발산형, 보존형, 수렴형 이렇게 세 가지가 있어요.

유라시아 판 · 코르다 판 · 북아메리카 판 · 유라시아 판
필리핀 판 · 아나톨리아 판
태평양판 · 리비에라 판 · 카리브 판 · 아라비아 판 · 인도판
코코스 판
나스카 판 · 남아메리카 판 · 아프리카 판
오스트레일리아 판 · 오스트레일리아 판
남극 판 · 스코샤 판

보존형 경계

판과 판이 서로 어긋나 미끄러지는 경계예요. 판이 새로 생기거나 없어지지는 않지만, 마찰이 일어나 불안한 상태가 되어 지진이 일어나기도 해요.

지구의 내부 구조

지각
- 얇은 바깥층

바다

땅

맨틀
- 지구의 핵과 지각 사이에 있는 매우 두꺼운 층

암석권
- 지각과 맨틀 상부로 이루어져 딱딱한 부분

외핵
- 고체보다는 액체에 가까운 층

내핵
- 지구의 가장 안쪽 부분

수렴형 경계

판과 판이 부딪치며 가까워지는 경계예요. 충돌 때문에 한쪽 판이 가라앉아 해구(바다 밑 움푹 들어간 좁고 긴 곳)가 만들어지거나, 두 판이 접해서 산맥이 생겨요.
둘 중 하나는 다른 판 아래로 끌려 들어가 없어지고 녹아서 마그마가 됩니다. 해양판은 대륙판보다 더 얇고 무거우므로 둘이 만나면 해양판이 아래로 끌려 내려가요.

히말라야산맥

티베트 판

유라시아 판

인도판

세상에서 가장 높은 산맥인 히말라야산맥은 5천만 년 전 인도판과 유라시아 판이 충돌하면서 생겨나기 시작했어요. 이 판들은 지금도 서로를 밀어내고 있어서 산맥의 산들도 계속 높아지고 있어요. 1년에 약 7밀리미터씩 말이지요.

지진

지진을 경험한 적이 있나요? 여러분이 미처 깨닫지 못했을 수도 있어요. 해마다 지구에서는 지진이 수백만 번이나 일어난답니다. 그중에 10만 번 정도는 느낄 정도로 강도가 세고, 100건 이상은 피해를 당할 정도지요. 한 건 정도는 엄청난 재앙을 불러일으킬 정도로 무자비하게 일어나고요.

지진은 땅이 갑자기 흔들리는 것을 말해요. 지구의 깊숙한 곳에서 움직임이 일어나 발생해요. 지진은 판의 경계에서 가장 흔하게 일어납니다. 2개의 판이 서로 지나가다가 막혀 꼼짝 못 하면 압력이 점점 커집니다. 그러다가 마침내 판이 서로 벗어나게 되면서 갑자기 압력이 방출되면 그 에너지가 커다란 진동을 일으키는 거예요. 격렬한 진동은 건물을 무너뜨리고 땅을 쩍 갈라요. 지진은 예고 없이 일어나 살아 있는 모든 것에 심각한 피해를 줍니다.

지진이 일어나면

저런, 지진을 만났다고요? 여기 자신을 안전하게 지키는 방법을 잘 읽어 보세요.

납작 엎드리기 / 몸을 보호하기 / 기다리기

납작 엎드리기 - 바닥에 납작 엎드려요.
몸을 보호하기 - 튼튼한 탁자 아래로 기어갑니다.
기다리기 - 탁자 다리를 꼭 잡고 흔들림이 멈출 때까지 기다립니다.

지진이 일어나는 곳

진앙
- 진원 바로 위 수직으로 연결된 지표면으로, 흔들림이 가장 센 곳입니다.

지진파
- 진원지에서 물결처럼 퍼지는 에너지로, 멀리 갈수록 그 힘은 약해집니다. 그래도 진동과 피해를 일으킵니다.

진원
- 지진이 시작되는 지점으로 지하 깊은 곳에 있습니다. 이곳에서 갑자기 압력이 방출돼요.

지구 내부의 실마리

과학자들은 지구 내부를 좀 더 깊이 알기 위해 지진을 연구해요. 진원은 대개 지하 100킬로미터 정도, 우리가 탐험할 수 있는 곳보다 훨씬 깊은 곳에 있어요. 지진파는 통과하는 지구 물질의 종류와 상태에 따라 전파 속도가 달라져요. 그 정보를 토대로 과학자들은 지구가 무엇으로 만들어졌는지, 지진이 어디에서 발생했는지 알아냅니다.

지진의 세기

강도가 약한 지진은 천둥이 우르르 소리를 내는 정도로 느껴집니다. 주변의 물건들이 살짝 흔들려요. 강도가 센 지진은 강한 진동 때문에 서 있기가 곤란하고 건물 벽에 틈이 생기기도 해요.

과학자들은 지진의 강도와 방향을 알기 위해 '지진계'를 이용해서 진동을 측정합니다. 이때 '리히터 규모'로 지진의 세기를 나타내요. 규모는 소수 첫째 자리까지 아라비아 숫자로 표시하죠. 리히터 규모가 1.0만큼 커지면 땅의 흔들림은 10배가 커지고, 에너지는 32배 정도 더 많아져요!

쓰나미

진앙이 바다 밑바닥에 있으면, 바다를 거슬러 오는 지진파는 제트기만큼이나 그 속도가 빨라집니다. 그래서 거대한 파도를 연달아 만들어내지요.

파도가 해안가에 다다르면 얕은 곳의 물은 30미터 이상이나 높이 올라갑니다. 무려 10층 높이 건물만큼이죠. '쓰나미'로 불리는 이런 큰 파도는 육지로 16킬로미터까지 이동할 수 있어 길가의 무엇이든지 다 파괴합니다.

화산

용암이 부글거리며 끊임없이 흘러나오는 모습부터 화산재나 가스, 마그마가 별안간 폭발하는 모습까지. 화산을 보면 땅속 깊이 어딘가는 불안정하다는 생각이 듭니다.

지각 아래에는 엄청나게 뜨거운 암석이 있는데 이를 '맨틀'이라고 해요. 맨틀은 단단한 형체를 유지하는데, 끊임없이 압력을 받다가 때로 더는 견디지 못하고 액체로 녹아 지각의 터진 틈을 통해 밖으로 솟구쳐 나옵니다. 화산 분화구에서 마그마가 분출되어 땅 밖으로 나오면 '용암'이라 불러요.

대부분의 화산은 판과 판이 서로 부딪치는 경계에서 일어납니다. 활동 여부에 따라 화산을 나누는데, 화산 활동을 계속하고 있는 화산을 '활화산'이라고 해요. 활동한 기록이 있으나 현재 활동하지 않으면 '휴화산', 기록도 없고 활동이 완전히 끝난 화산은 '사화산'으로 분류합니다.

열점

맨틀 깊은 곳, 고정된 위치에서 뜨거운 마그마가 분출되는 지점을 '열점'이라고 해요. 이곳은 주변 지역보다 더 뜨거우며, 마그마가 지각을 뚫고 솟아 나와 폭발합니다.

열점은 같은 곳에 남아 있지만, 지각은 그렇지 않으므로 시간이 지나면서 화산이 줄줄이 만들어져요. 열점에서 가장 멀리 떨어져 있는 곳이 가장 오래된 거예요.

프렌치 프리깃 숄스 · 네커 아일랜드 · 니모어 아일랜드 · 카우아이 · 오아후 · 마우이 · 하와이

지구의 지각은 이쪽으로 움직입니다.

지각 · 맨틀 · 열점

치명적인 화산재

이탈리아 남부에 있는 베수비오 화산이 79년 폭발하자, 엄청난 양의 화산암과 화산재가 쏟아져 나와 폼페이에 살던 2천여 명의 사람들을 휩쓸어 버렸습니다. 고대 로마 작가 소 플리니우스는 그때 상황을 자세하게 묘사해 문서로 남겼습니다. 발굴 조사를 통해 모습을 드러낸 폼페이는 당시 로마의 흔적을 고스란히 보여 줍니다.

성층 화산

원뿔 모양의 화산을 성층 화산 또는 복성 화산이라 불러요. 성층 화산은 용암과 화산재 등이 시간이 흐르면서 번갈아 층층이 쌓여 만들어진 화산이에요.

마그마가 빠져나오는 통로는 '화도'라고 해요. 강렬한 폭발 때문에 화산의 분화구 주변이 붕괴하거나 함몰되면서 생긴, 커다란 원형의 우묵한 곳은 '칼데라'로 불러요.

화산의 종류

화산은 모두 분화구가 있기 마련인데, 화산마다 각기 다른 이유로 폭발합니다.
몇몇 주요 화산을 살펴볼까요?

성층 화산은 위력이 매우 강한 곳, 즉 판들이 서로 밀어내는 곳에서 일어납니다.

순상 화산은 평탄한 지역에서 일어나는데 주로 판이 서로 떨어질 때 폭발합니다.

틈새 분출은 지각에 긴 균열이 일어날 때 그 틈으로 일어나는 분출이에요. 마그마가 한 줄로 솟구쳐 불의 장막을 만들지요.

용암적구는 가파른 면이 있는 낮은 화산이에요. 마그마가 커다란 방울 모양으로 터지면서 구멍 가까이에 떨어져 생기지요.

플리니 또는 베수비아 방식 폭발은 특히 강력하여 공중에 가스와 재로 큰 기둥을 만들며 뿜어져 나옵니다.

산맥

지구에서 가장 춥고 오르기 어려운 곳을 탐험할 준비가 되었나요?
여러분은 최신 등산 장비와 보온성이 뛰어난 내복을 준비하고, 훈련도 몇 달은 받아야 할 거예요. 그런데도 정상에 오르지 못할 수 있어요. 산사태며 눈보라, 짙은 안개와 매서운 추위는 여러분이 만날 장애물 중 일부일 테니까요.

산은 높이 올라갈수록 추워집니다. 실제로 1천 미터마다 온도는 10도씩 떨어지지요. 그래서 같은 산이라도 여러 생태계가 존재할 수 있어요. 다양한 식물과 동물이 각자 다른 환경에 적응해 살아가니까요.
산은 심지어 날씨를 만들 수 있답니다. 공기가 산을 따라 올라가다가 차가워져 비구름으로 뭉치게 되는데, 그러면 별안간 폭풍우로 둔갑하기도 합니다!

비그늘이란

산은 보통 건조한 지역과 습한 지역으로 나뉩니다. 습한 곳은 대개 바람이 불어오는 쪽이에요. 축축한 바람은 산을 타고 오르면서 많은 비나 눈을 내리고 이후 건조해집니다.

산은 비가 반대편으로 가는 것을 막아요. 그래서 '비그늘'이라는 비가 내리지 않는 건조한 지역이 생기는 거예요. 미국의 데스밸리는 지구에서 가장 덥고 건조한 곳인데, 시에라네바다산맥이 비그늘을 만들기 때문이에요.

얼마나 높을까요?

지구에서 가장 높은 산은 히말라야산맥의 에베레스트산입니다. 높이가 무려 8848미터나 돼요!

만약 해수면 아래(바다의 밑바닥)부터 높이를 잰다면, 세계에서 가장 높은 산은 하와이의 마우나케아 화산이 된답니다. 높이가 총 10000미터 정도 되니까요. 하지만 대부분이 바다 아래에 숨어 있답니다.

피난처

누군가에게 산은 위험하고 살기 어려운 곳일지 몰라도, 다른 누군가에게는 피난처가 됩니다. 아이벡스 같은 야생 염소는 수직에 가까운 바위산에서 새끼를 기릅니다. 워낙 민첩하고 바위를 잘 타서 먹이를 찾는 늑대나 여우를 피해 요리조리 도망칠 수 있답니다.
송골매는 닿기 어려운 험준한 바위 위에 둥지를 만들어 포식자로부터 알과 새끼를 보호합니다.

수목 한계선 밖에는

산은 나무들로 둘러싸여 있어요. 높은 산에서 살아 있는 나무가 생존할 수 있는 한계선을 '수목 한계선'이라고 해요.

수목 한계선 밖에는 더욱 척박한 산악 환경이 시작되어 관목(떨기나무)만이 살 수 있어요. 바람도 더 강하게 불고, 공기도 차가워져 맑은 날이면 몇 킬로미터 떨어진 곳도 훤히 볼 수 있지요.

산은 어떻게 만들어질까

산은 지구의 판이 움직이면서 만들어지는데, 그 주요 방법을 소개합니다.

화산 폭발로 산이 만들어져요. 용암이 식어 켜켜이 쌓이면 꼭대기가 봉긋 솟아오릅니다. 대표적인 예로, 탄자니아의 킬리만자로산과 일본의 후지산이 있어요.

판과 판이 충돌하여 두꺼운 지층이 주름져 솟아오르면 습곡 산맥이 만들어져요. 세계에서 가장 긴 산맥들이 이렇게 만들어졌는데, 남아메리카의 안데스산맥은 길이가 7천 킬로미터에 이를 정도랍니다.

지각 변동으로 지층이 갈라져 어긋나는 단층 운동으로 단층 산맥이 만들어져요. 미국의 시에라네바다산맥이 좋은 예지요.

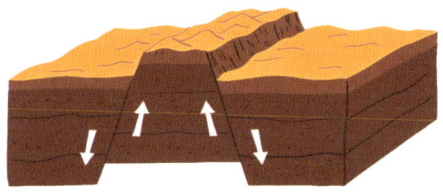

지각 아래에서 마그마가 부풀어 오르지만, 절대 뚫고 나오지 않을 때 돔산지가 만들어집니다. 대표적으로 캐나다 앨버타주의 '피라미드산'과 미국 텍사스의 '인챈티드록'이 있어요.

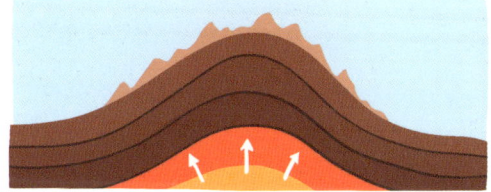

고원 산은 하천과 강이 거대하고 평평한 바위 속으로 깊숙이 물길을 만들 때 형성돼요. 물길은 계곡이 되고 그 사이 높은 지역은 고원 산이 되는 거예요.

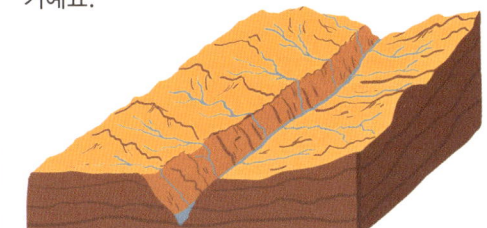

인간이 주는 영향

사람은 지구 역사의 아주 조그만 일부(45억 년 중 20만 년)에 지나지 않아요. 하지만 그사이 우리는 지구의 모습을 바꾸어 놓았어요.

200년 전, 지구에는 10억 명의 사람들이 살았어요. 이제 그 숫자는 70억이 넘는답니다. 놀랍게도 우리가 사는 면적은 지구 땅의 3%밖에 되지 않아요. 하지만 우리는 80%가 넘는 곳에 흔적을 남겼답니다. 바다와 대기에도 마찬가지로요.

숲

사람이 등장한 이후 지구의 나무 절반 이상이 사라져 버렸어요. 사람들이 연료를 얻고 농작물을 일굴 밭, 마을을 만들기 위해 나무를 잘라 버렸거든요. 숲이 차지하는 면적은 이제 지구에서 3분의 1도 채 되지 않으며 지금도 여전히 파괴되고 있어요. 우리가 잃고 있는 것은 비단 숲뿐만이 아니랍니다. 숲에 사는 동물과 식물 또한 사라지고 있어요.

마을과 도시

밤에 우주에서 지구를 내려다보면, 빛이 흩뿌려진 모습입니다. 세계 인구의 대략 절반 정도가 도시에 살고 있어요. 지구에는 거대 도시(인구수 1천만 명 이상 되는 도시)가 37개나 있어요. 방대한 도로와 철도는 우리의 마을과 도시, 나라와 대륙 곳곳을 이어 줍니다. 하늘은 비행기로 북적거리는데, 특정 시간에는 미국에서만 비행기가 5천 대 넘게 날아다닐 정도랍니다. 차에서 나오는 배기가스는 우리가 숨 쉬는 공기와 뒤섞이고, 대기의 온실가스는 점점 늘고 있어요.

원자재

우리가 만드는 물건, 태우는 연료, 사는 상품들은 모두 자연의 원자재로 만든 것입니다. 플라스틱은 기름, 종이와 마분지는 나무에서 나오며, 벽돌은 진흙으로 만들지요. 나무는 다시 심을 수 있지만, 대부분의 원자재는 다시 생산하기 어려워요. 석탄이나 석유, 천연가스와 같은 화석 연료는 수백만 년 전에 만들어졌으니까요. 이런 자원을 '재생이 안 되는 자원'이라고 합니다. 왜냐하면 최소한 다음 수백만 년 안에 새로 만들 수 없거든요. 우리가 지구의 천연자원을 이런 식으로 다 써 버린다면 미래에는 완전히 다른 삶을 살아야 할 거예요.

농사짓기

오늘날 우리가 알고 있는 시골은 사실 사람들이 만든 거예요. 밭과 산울타리, 작물과 동물들 모두 사람들이 해놓은 것이지요. 수천 년 동안 농사를 지어왔지만, 오늘날 농경 기법은 특히 땅에 해로워요.

더 큰 밭에서는 농약이 마구 뿌려지고 모든 과정이 무거운 기계로 이루어지는데 이것이 자연환경을 망가뜨려요. 인구수가 늘어났기에 먹을 것도 더 많이 필요하므로, 지구를 보호하면서 충분한 식량을 기르는 것은 무척 어려운 일이랍니다.

긍정적인 영향

사람이 지구에 좋은 영향을 줄 수도 있으며, 지구를 좀 더 살기 좋은 곳으로 만들어 나갈 수도 있어요. 여기에 몇 가지 예가 있습니다.
- 오래된 채석장을 자연 보호 구역으로 바꿀 수 있어요.
- 멸종 위기에 처한 동물들을 보호하고, 야생에서 다시 살 수 있도록 돌볼 수 있어요.
- 나무를 더 많이 심고 야생 목초지와 울타리를 만들 수 있어요.
- 새로운 기술과 아이디어를 바탕으로 화석 연료 사용이나 해로운 배기가스가 배출되는 것을 막을 수 있어요.

여러분도 세상에 좋은 영향을 미칠 방법을 생각해 보았나요?

공해

인간은 엄청난 양의 쓰레기를 만듭니다. 오늘 여러분이 쓰레기통에 무엇을 버렸는지, 화장실에서 무엇을 흘려보냈는지 생각해 보세요. 여러분이 탔던 자동차에서는 배기가스가 나왔을 거예요. 난방할 때, 따듯한 물과 전기를 만들 때도 매연이 발생합니다.

쓰레기와 매연, 폐수 따위로 자연환경이 더러워지고 파괴되어 사람이나 생물이 입는 여러 피해를 '공해'라고 해요. 산업이나 교통이 발달함에 따라 오염은 날로 심각해지고 있지요. 모든 쓰레기가 해롭지는 않지만, 우리가 쓰레기를 더 많이 내다 버릴수록 감당하기 어려워지고 결국 지구에 더 많은 해를 끼치게 될 거예요.

대기 오염

공장이나 발전소, 자동차 등에서 뿜어져 나오는 각종 가스와 연기가 대기를 오염시켜요. 공기가 오염되면 동물과 사람들은 숨쉬기가 어려워지지요.

이산화탄소와 메탄 같은 온실가스가 점점 많아지면서 지구 평균 기온이 계속 높아지고 있답니다. 또한 대기 오염 물질은 공기 중 물과 결합해 강한 산성을 띠게 되는데, 이것이 나무와 물고기들에게 해로운 비로 내려요. 이런 비를 '산성비'라고 부릅니다.

쓰레기

쓰레기 대부분은 태우거나 묻어 버리지만, 태우면 아주 고약한 매연이 뿜어져 나와요. 더욱이 이제는 묻을 곳도 없어요. 가장 큰 문제는 플라스틱이에요.

플라스틱병이 분해되어 다시 땅으로 돌아가는 데는 수백 년이 걸립니다. 플라스틱 쓰레기 대부분이 하천이나 강, 바다로 흘러가 생태계를 위협하고 있어요. 가장 좋은 해결책은 플라스틱을 덜 쓰고, 쓴 것을 재활용하는 거예요.

수질 오염

무엇을 씻거나 빨아서 더러워진 물을 '구정물'이라고 해요. 오염된 물을 깨끗하게 처리하면 강이나 바다로 안전하게 보낼 수 있습니다. 하지만 그대로 흘려보내면 수질 오염을 일으켜 질병의 원인이 됩니다.

수질 오염의 또 다른 주요 원인은 공장과 농장에서 나오는 해로운 화학 물질입니다. 또한 공기 중 이산화탄소가 바다에 흡수되어 일어나기도 합니다.

>> 과거   >> 현재

아름다운 산호초가 있던 바다가 죽어가고 있어요. 오염 물질이 바다를 산성으로 만들고 있기 때문이에요.

더 늦기 전에

그렇다고 좌절하고 있을 수만은 없어요. 환경오염이 일어난 것은 우리의 책임이지만, 우리가 습관을 바꾸어 미래 지구를 더 좋은 곳으로 만들 수 있으니까요. 그 방법이 궁금하면, 다음 페이지를 열어 보세요!

지구를 살리는 방법

지구는 우리의 고향이에요. 태양계에서 생명이 번성하는 유일한 행성이기도 하지요. 우리는 지구를 존중하고 보호해야 해요. 그래야 앞으로도 생명이 잘 자랄 수 있답니다.

그러려면, 화석 연료를 태워 대기에 오염 물질을 내뿜는 일을 삼가야 해요. 우리가 쓰고 있는 원자재를 다른 것으로 바꿔 쓰거나 재생하여 지구의 천연자원을 보존해야 합니다. 자연 서식지를 보호하고 야생 동물이 서식지를 잃지 않도록 도와줘야 하고요.
결정적으로 우리는 협동해야 합니다. 세계 각국이 협력해 지구를 안전하게 지킬 법률을 만들어 지켜야 해요. 어렵지만 불가능한 일은 아니지요.

더 맑고 깨끗한 에너지

우리는 전기를 만들거나 자동차를 움직이기 위해 석탄과 석유를 태울 필요가 없어요. 대체 에너지가 많이 있거든요. 태양, 바람, 썰물과 밀물의 차이 등을 이용할 수 있어요. 대체 에너지는 공해도 일으키지 않고, 얼마든지 사용 가능하답니다!

살아 있는 벽으로도 불리는 '수직 정원'은 건물 벽면에 식물을 붙여 키우는 친환경 조경이랍니다. 건물의 에너지 효율을 높이고, 도시 공기를 정화해 줍니다.

생활 습관을 바꿔요

일상의 작은 변화로 우리가 일으키는 공해를 많이 줄일 수 있답니다.

버스나 자동차를 타는 대신 걷거나 자전거를 타 보아요.

해외여행을 가는 대신 근처로 해수욕을 떠나 봅시다.

가까운 곳에서 기른 농작물을 사 먹어요. 식품 배송 과정의 매연을 줄일 수 있으니까요.

난방 온도를 올리기보다 겉옷을 더 껴입어요.

중고 상점에서 옷을 사는 건 어떨까요.

이러한 변화가 커다란 결과를 낳지 않으리라 생각할 수 있어요. 하지만 전 세계에 사는 사람들이 똑같이 조금씩 변화한다면 세상은 아마 완전히 뒤바뀔 거예요!

재활용품 수거!

중고품을 사면 돈도 아끼고 쓰레기도 줄일 수 있어요.

조력 발전은 바닷물의 높낮이 차를 이용해 전기를 만들어요.

정원과 부엌에서 나오는 쓰레기는 거름으로 만들어 새로운 식물이 잘 자라도록 도와줘요.

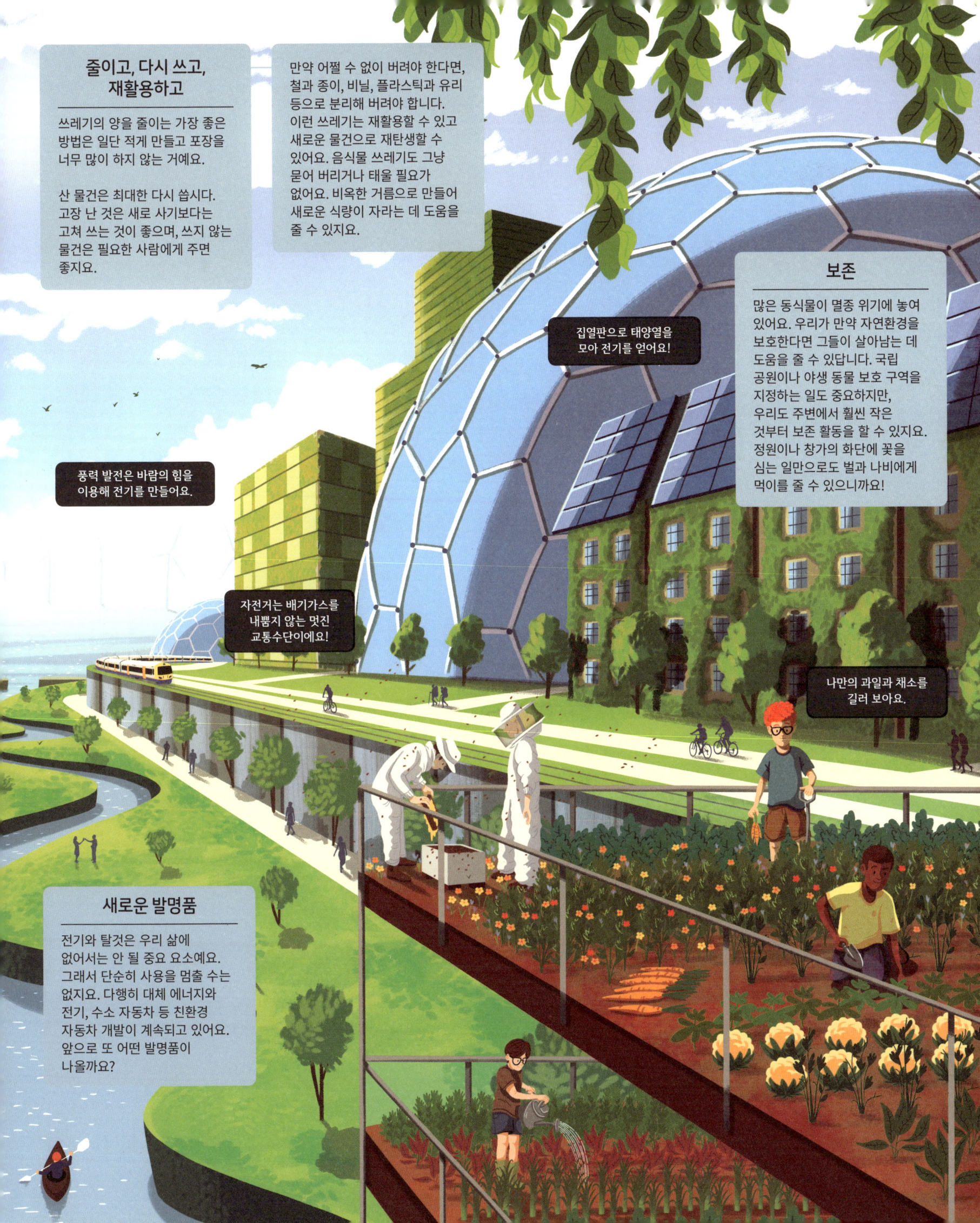

지구 표면의 약 71%는 물로 덮여 있어요.
가장 큰 바다는 태평양이에요.

적도 주변에는 계절이 없답니다.
1년 내내 더운 날씨가 이어져요.

지구가 하루 한 바퀴 도는 데, 24시간이 걸립니다.
그래서 하루는 24시간이죠.

지구가 태양 주위를 한 바퀴 도는 데에는 365일이 걸려요.
따라서 1년은 365일입니다.

지구에는 75억 명 이상의 사람이 살고 있어요. 그 수는 날마다 늘고 있지요.

가장 큰 대륙은 아시아입니다. 인구가 가장 많은 대륙이기도 하지요.

북극과 남극, 극지방에서는 여섯 달 내내 낮이 지속되거나 반대로 깜깜한 밤이 계속돼요.